Schattenseiten
Im Traum der Ewigkeit

von Nadine Henneck
und
Ronny S. Timm

...warum weckst Du mich Seitenduft ,

Du buhlst und sprichst ,

bist Du der grad vergangene Traum?

Wiedermal ist es soweit, wir tun Euch unsere Werke kund. Auch dieses Mal hoffen wir Euch zu entführen in ferne Welten, zu verführen im Liebestaumel und Euch ein neues Gedankenkleid zu weben.

In der Nacht

Meine Gedanken
so klar
und rein
wie die
Nacht,
die sie gebar;
an Dich mein
Kind der Nacht
Dein Körper
ganz nah
in meiner
Macht.
Deine Schmerzen
zu unserer
Lust vereint
in der Nacht,
die mich
lies erwachen,
den Verkünder
der Nacht,
um Euch zu
weisen
in dunkelster
Nacht.

Theego

So rein und voller Kraft erscheinet
diese Klinge,
offenbaret mir
die Flucht aus dieser
kranken Welt.

Aphrodite

Mein rasend Herz
fast zersprang,
als ich gewahrt
ihrer Gestalt
auf ihrem Podest.
Glatt und kühl
die Haut,
das wallend Haar,
so marmorweiß;
Augen
unergründlich
schön,
ihr Mund
ein Lächeln
umspielt.
Ihr Antlitz läßt
mich vergehn,
wohlgeformter Keine
ist.
Das Wesen,
wie gemeißelt,
zeigt sich
in jeder Form.
Betörend sinnlich
steht sie da;
bewegt sie
sich gar?
Welch Geheimnis birgt
wohl ihr Schoß?
Immer gierig,
mein Blick
nicht von
ihr laß.
Warum mußt ich
mich verlieben,
in die Statue
der Aphrodite?

Keim der Verwerflichkeit

Sollte die Saat der Liebe nicht das Feuer der Glückseligkeit entfachen ?
Welch` wonniges Gefühl des Liebens erklimmt das Herze dann !
Kindliches , alles vergessendes Strahlen blitzt aus eines jeden Antlitz .
Gepriesen sei ihr Wohltun , welches die Mentalität in solch bedeutsamen Maße
befällt .
Entflammt scheint die Begierde des höchsten Wirkens !
Belebt von Enthusiasmus erweckt die Seele tiefste Gefilde dunkler Vergangenheit !

Doch sollte die Liebe Tränen des Glanzes in Tränen der Asche wandeln ?
Wieso lieben , wenn diese Empfindung mit Schmerz , Elend und Trauer in
Verbindung steht ?
Wieso lieben , wenn diese Emotion den Tod offenbart ?
Wieso lieben , wenn dieses Gefühl Seelen zerstört ?
Wieso lieben , wenn dies die Angst stiegen läßt nicht selbst geliebt zu werden ?

Dead Shell

Entdeckt
Emptiness,
in Euch,
wandelt
durch
die Stadt
der Leere,
lost in,
Bewegung
nur
Reaktion,
ohne Gefühle,
den Sinn
zerstört,
blind.
Euer
Licht
fast verloschen,
wollt nur
kriechen,
devotion;
Das Leben
vorüberzieht,
no emotion,
euer kaltes Licht
verbrennt
aller
Wohlgedanken,
for ever,
last uns
allein,
versteckt mich,
sadness,
seid
was ihr
beliebt.

Des Himmels Resignation oder warum es regnet ...

Einst der Himmel sich zur Erde ergoss , um zu schmälern
des Menschen Leid .
Als liebkosend er ihren ausgezehrten Leib umschlang
färbte sich sein Antlitz schwarz .

War zwecklos zu heilen all jene Wunden , reichte selbst
seine endlose Liebe nicht aus .
So begann er zu weinen und zog sich zurück ...

Vor Kram und Kummer über das irdische Schicksal
verdunkelte sich des Himmels Wesen ;
ertrug es nicht zu hören all jene Pein ewiglich .

Fortan benetzen nun Tränen der Erde Angesicht ,
wenn die qualvollen Schreie nicht wollen verstummen ...

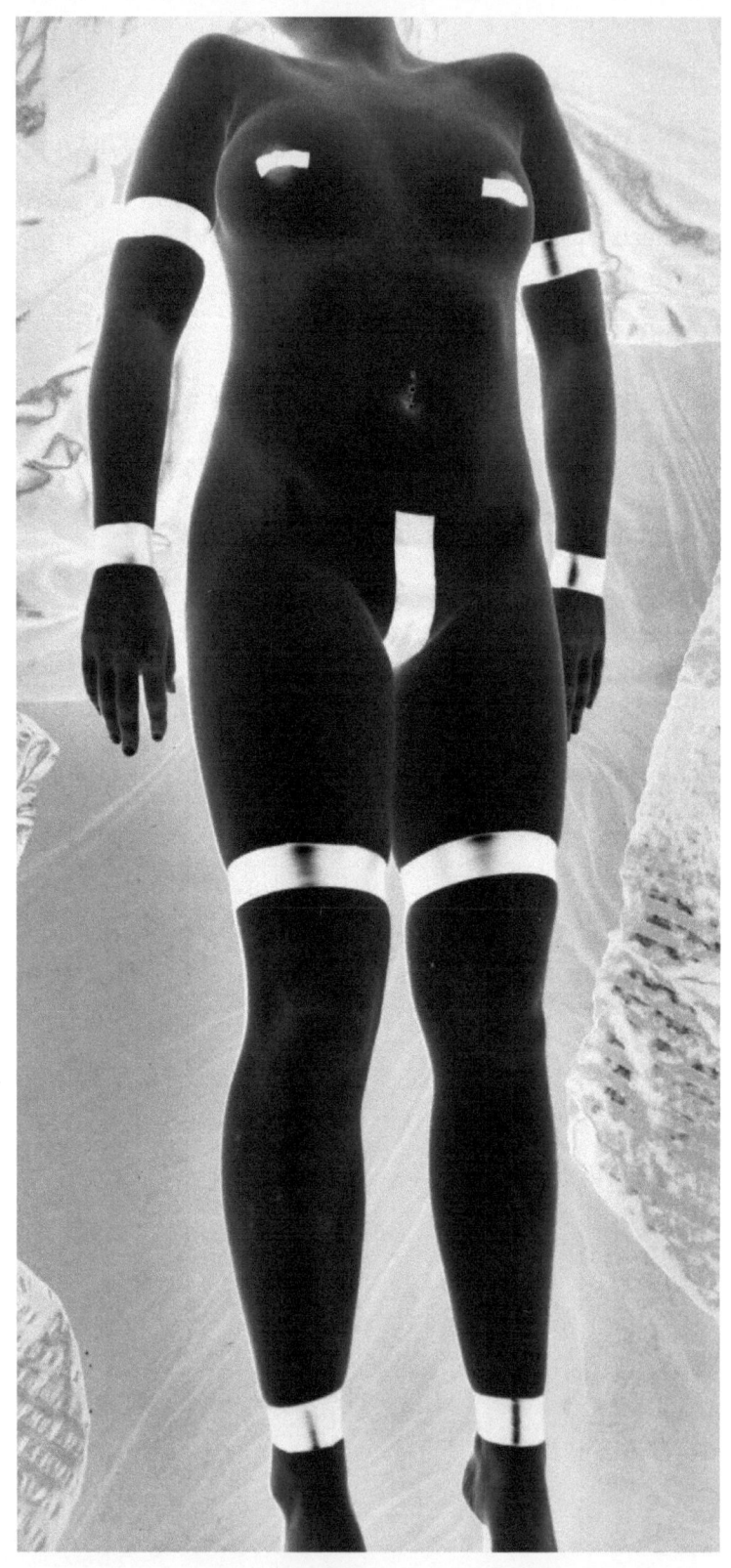

Ausgeliefert

Die Feuersglut
geführt
von meiner Hand
versengt
zwischen
Deinen Hügeln,
die Rosen
verdorren.
Dein Antlitz
verzerrt,
die Erlösung
so nah.

Der heiße Strom
sich ergießt
weiter runter,
berührt
die Lippen
Deiner Scham,
brennende Liebkosung
in Dir,
sitzt
ganz still.

Die Ketten
halten Dich,
eindringlich
bahnt sich
mein Finger
seinen Weg.
Er reizt,
er kitzelt;
der Strom
Phönixflaum
beträufelt
Dein kaltes Fleisch.

Du schreist,
das Ende
Orgasmustraum.

Der Wollust Kostbarkeit

Ins Fleisch gegraben tief, umschlingen lähmend das Opfer der Schlange, bindend die Seilnatter. Bewegungslos ist ausgesetzt der Altar des Körpers, wie in der Kirche geschmückt mit Gold und Silber, liegt dar, offen, blank die Scham, so wie die Klinge aus Stahl, doch nicht so kalt, sondern warm, als wenn Herbstregen seinen Duft verbreitet, ihr Parfüm einen ruft. Die Haut, wo nicht eingeschnürt und wohl verpackt, zart und rein, wie Schnee am See, dessen Spiegel er ist, für den Mond gerad´ aufgestiegen. Unbefleckt die Brüste sich recken, erheben weich, die Hügel gleich, eingesäumt das Tal und gekrönt die Spitzen dieses Massivs, mit härtesten Knospen, rosig fein, aus des Garten Rosen gleich, die, vom frühen Morgen, ganz verschlossen halten, den Tau, gefroren fast, da sich neigt der Winter dem Lenz sich hin. Liegt auf dem Boden des Kerkers, meiner Zelle, auf Marmor ruhig gebettet, die Beine, immobilisiert, sind sie mir am Liebsten, weit von sich gestreckt, offen sich alles darbietet, feuchte Seide gleich, schön anzuschaun und auf den Fingern meiner Hand, ein ganz besonderer Fang. Die Backen kaum verdecken, die tiefe Höhle, noch nie erforscht, doch wärs schon ein teuflisch Ritual, gehalten dort, an jenem finstren Ort. Doch auch die andre Seite lockt, ist's sie doch die Wiege aller, geschmeidig und behaglich eng; obendrein auch noch so intensiv. Die Lippen dort zum Küssen necken oder auch um sie zu abzuschlecken, andererseits ein wenig Phantasie und schon ist es ein Klammer, die alles ziert. Oder doch lieber gleich ein Ring; beweist er doch: Du bist meins, kann Dich an die Kette legen. Recht hübsch hergemacht unserer Prunkstück doch ist. Spitzenstrapse und andere Accessoires mich doch berühren. Das Gesicht nur leicht veredelt mit ein wenig Rouge hier und dort, die Augen gleich verbunden sind. Soll sie träumen vom Prinzen schnell, der die holde Maid befreit, aus des Drachen Klaue. Doch ist's noch Aufgabe des Ungetüms, sie zu fressen und zu knechten, vielleicht wird ja nicht aus einem Kuß, sondern aus einem Biß, der strahlend Ritter? Geschwind muß nur geschlossen sein, ihr Purpurmund; oder soll er doch lieber gerahmt im zarten schwarz erstrahlen? Geknebelt muß schon sein, könnt sie doch schrein. Welch Wonne das doch wär, zu hören ihren Atem, das Stöhnen, aber nein, wer weiß? Will vielleicht geben einen Widerspruch, und sind wir hier etwa bei Gericht? Genau, blind, wie Justicia und auch in Ketten gelegt, wie das System, liegt sie dar, diese Schelmin.
Werd gleich ausprobieren, den neuen Reitstil, mit der Gerte, mit der Hand, ist's alles eh nur zu meinem Zwecke. Wenn sie preßt ihre Lippen hart, und ihre Farbe mich erinnert an den Lebenssaft, vergossen in ewiger Schlacht, und ihr Becken zuckt und schreit, wie ihr Po bedeckt mit Malen, wie einst Kain, meiner Macht, dann gehört sie mir, mit all ihrer Pracht. Und nun kann ich mich in sie stürzen, an ihr mein Herz ertränken, wie an gutem Wein, lang gelagert und recht süß, wie ihre Tränen naß, auf unser beiden Haut.
So bin ich Sklave meiner Selbst, ausgeliefert meinem Trieb und sie, die mir ergeben, ist's das schönste Los, mein befriedigtes Lustobjekt.

Begierde

Weit entfernt , ohne seine Gegenwart ?

Erdrückende Stille versetzt sie ins träumen !

Er kennt sie nicht ?

Sie lebt durch ihn , atmet durch ihn !

Ihr geistiger Horizont trägt das glanzvolle Ich seines Daseins !

Sie läuft weg ?

Sie flieht vor ihren Ängsten , Gefühlen !

Sie haßt sich ?

Depressionen zerstören das Gleichgewicht ihrer Seele - Narben !

Er verleiht ihrem Leben Sinn ?

Vielmehr nimmt er ihr jeglichen Willen !

Liebe ?

Sie weiß nicht ob ihre Emotionen dies wahrhaft offenbaren !

Niemand hört sie weinen ?

Keiner nimmt ihr Innerstes wirklich wahr !

Sie ertrinkt in zerstörerischen Gedanken ...

Sie schreit - nie verstummende Schreie !

Sklavenmarkt

Eure Freiheit haben sie
Euch schon geraubt,
hinter dem schönen Wort
Demokratie verbaut.
Immer wenn Ihr schreit
auf ganz laut,
sind sie für Eure Bedürfnisse
auf den Ohren taub.
Solltet Ihr doch mal schrein
und zetern,
geben sie Euch ein Krumen
und erhöhen den Etat.
Ihr laßt Euch führen von
der Peitsche aus Gold,
geschwungen von gierzerfressenen
Kobold.
Seid schon an die Kette gebunden
und merkt es nicht,
Sie werden Euch ausbluten
und schinden
bis Ihr seid vernichtet.
Aber was soll's
die nächste Drone wird
schon geboren,
habt Sie doch lang schon
an den Sklaventreiber verloren.

Blutrinne

Süße Klinge
zieht
rot sprudelnden
Fluß
durch meine
nackte Haut;

bleibt
doch nur
eine Narbe
in meinem
Körper
Muster
zurück.

Der Fluß,
er spricht
zu mir,
singt sein
Lied
von Leben
und
dem Ende;

die Weise
vom alles
verschlingenden
Schmerz,
von zarter
Erlösung.

Der Strom,
er verrinnt
und zeigt
mir
sein schönstes
Leid:
geborgenes Leben.

Edles Haus

Gefangen im steinernen Ei,
den Millennien getrotzt,
zerbricht in
rechter Stund
die harte Haut,
ergießt blutrot
sich aus der Quelle,
ein Lavastrom,
der brennt.

Im Dämmerlicht
erkennt man,
ein Maul,
schwarz beschuppt,
die Zunge,
gespalten,
ertastet.

Die Augen kommen,
Feuerglut,
Zeitalter gereift,
Wissen
durch Hitze
gebrannt.

Klauen,
scharf,
zerreißen Schale,
wie die Knochen
seiner Feinde.

Er entsteigt
der Brutstatt,
majestätisch ungebändigt;
Zauberkraft und Gold,
sind bald sein.

Quell der Macht

Ein zartes Licht scheint durch die Nacht ,
bricht sich an düsteren Gesichtern .
Sanftes Flüstern und Gesänge beleben nach
und nach die dunkle Kraft .

Entblößte Frauenleiber wiegen ekstatisch
sich zu Trommelschlag .
Und Silhouetten schwarzer Roben drängen
sich darum .

Flammenschein berührt uraltes Pergament
und enthüllt so Wort um Wort die Energie
der dunklen Macht .

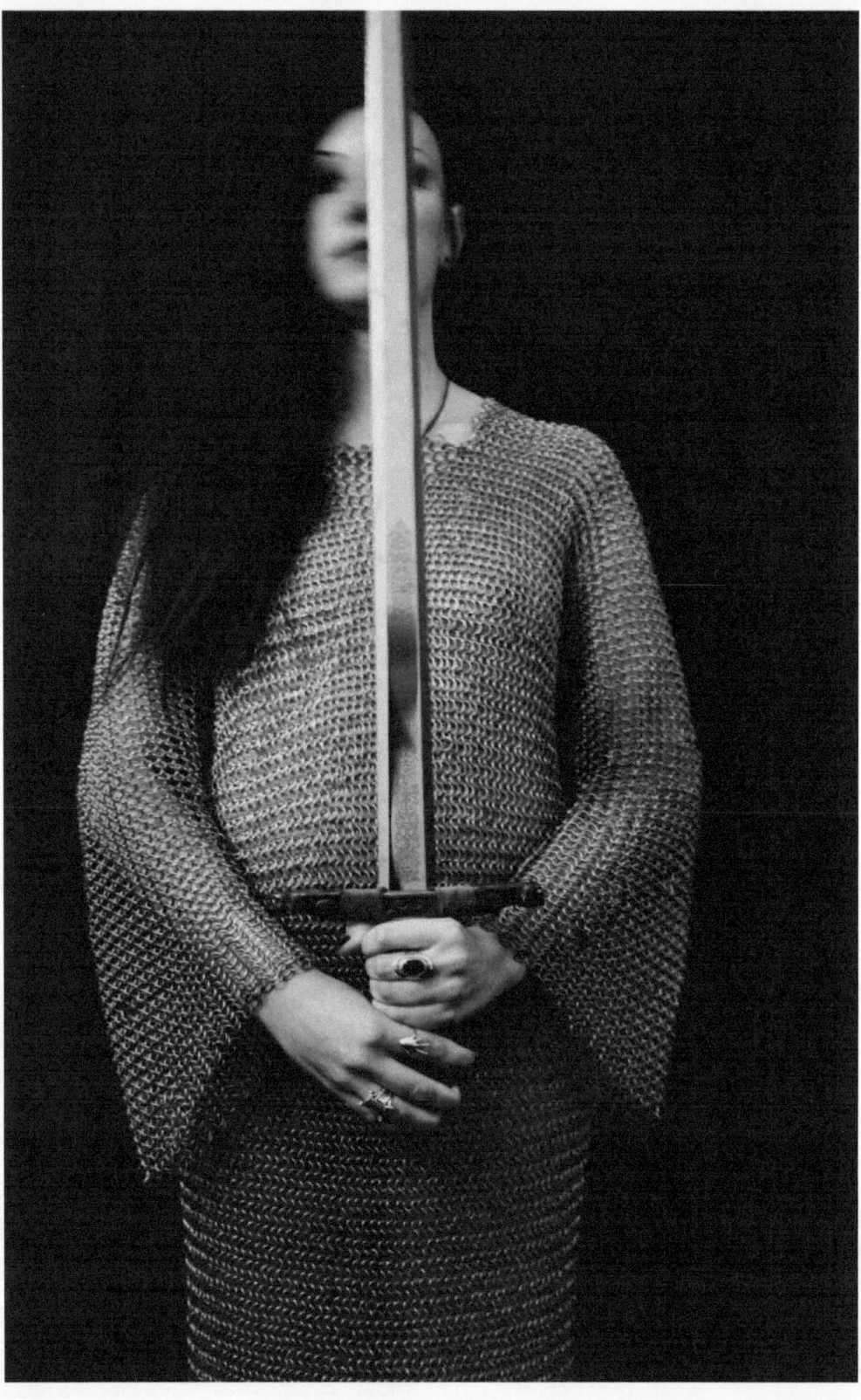

Ohne Verstand

In Blut gemalt,
getrocknet
aus
Tränenflut,
meine Emotionen
tief,
wie die See,
so sollen
die Worte
aus meines
Schlundes
Mund
Euch treffen.
Die Seel
berühren,
endlose Träume
Euer Hirn
benebeln,
dem Rausch
erliegen,
um zu
erkennen
des Schöpfers
Trugbild,
seid gewesen,
die ganze
Zeit
nur Eure
Gedanken
stets;
Der Wahn,
doch nicht
der Tor
ist für
den Ihr
ihn hielt
zersprengt
die Ketten
des Schlosses
Realität.

Gevatter Tod

In Zwischenwelt
irrt er umher,
kein Heim,
noch kein Ziel,
doch ewig Arbeit
ihn erwartet.
Spricht jede Sprache,
doch sagt
kein Wort.
Schönheit, Genie
oder Wahn
er bewahrt.
Jedes Lebewesen
er kennt,
einmal besucht
er Jeden.
Frieden und Ruh,
auch Liebe
schenkt er Dir.
Vereint alle
unter einem Banner,
ob in Erde
oder Wasser,
auch Feuer
und Luft
sein Element.
Ist Herrscher
der Entropie,
König der Gebein,
ist Vater,
Mutter,
Geliebter,
aber immer
der Gebieter,
der kommt
am Schluß.

NDT
(Neuer Deutscher Totenkult)

Totenbleiche Fratzen
Euch entgegen starren,
Klauenhände tanzend
sich vor Euch bewegen.
Dunkle Gewandung
mit Schatten läßt
verschmelzen,
Gelächter
läßt gefrieren
Eure Sinne,
nicht zu fassen,
wie Nebel
umwabert.
Stacheln, Ringe
und Kette
den Abstand wahren,
zu Eurem Tant,
Stahlkappen und Nietenband
nur Rüstzeug
sind,
gefährlich und scharf
unser Verstand,
das Ende in Sicht.
Könnt nie verstehn,
das nicht Gleich,
sondern
anders sind.
Eure Struktur
uns nichts gibt,
durch Tod
gebiert
Erneuerung.
Unser Ziel
zum ewiglichen
Paradies.

Kind geborene Zukunft

Der Blumenkinder
Zukunft
wir sind,
die schwarze Rosen
schenken wir,
für
ewig Ruh und
treue Liebe
Dir.
Laß uns sein,
sonst kanns
geschehen,
daß Dornen
sprießen
und wir Euch
stechen.
Sind einzigartig
und doch gleich,
wir ihr alle,
doch zeigen
wir unser
schönstes Blatt
nur der Nacht.
Der Rosenduft
mit Erde vermischt,
uns gefällt,
Mondenlicht
besonders klar,
macht uns stark.
Macht uns
auf, die Friedhofspforte,
das Gartentor
zum neuen Paradies.
Seid geladen zum
Erntefest, wenn
wir Euch
einst zeigen
unsere Blüten
und Früchte
aus des Eden Reich,
was ihr auf
Erden sein könnt.

Daseinselixier

Meine Begier
geweckt durch
den Kuß
der Nacht,
der Hunger
nach der süßen
Lebensquelle mich
verbrennt.
Pulsierend rein
er durch
Geäst
sich windet.
Jede Faser
des lebend
Kosmos
man erkennt.
Spürt durch
die Haut,
die Kraft,
die es antreibt.
Des Körpers
Parfüm
mich erzittern läßt,
warm,
wie eine
Sonne
vertreibt den Winter.
Schmeck das Eisen
schon auf meiner
Zunge,
die Energie,
im Hemoglobin,
stark, wie
das Herz,
welches treibt
diesen Apparat,
auch Körper genannt.

Gebt es her,
Ihr habt doch viel,
und nehm' ichs
Leben Dir,
dann dank ich Dir,
werd nie vergessen,
diese Wonne,
wie es rinnt
in meiner Kehle,
schenkt
diese Stunde mir,
Lungen füllen sich
mit Luft,
beweglich wird
ein jedes Glied,
seh die Welt,
überall das Elixier,
genießt es,
so lange ist es,
das Eure.

Behind the curtain

Oh Mensch
erkenn,
das Du geboren,
in unsterblichen
Kreis,
ungezählt
wiederholt,
als Gott gedacht,
Dich hast verlacht.

Oh Mensch
wisse,
es gibt
etwas
in dieser Welt,
fremd,
unsichtbar
für die
Meisten
Deiner Art.

Oh Mensch
siehe,
dort ist eine
Stadt,
in der
4. Dimension
unbeschränkt,
wie in
den Vorhergegangenen.

Oh Mensch
höre,
wie sie
Dir auflauern,
es kommt
meist
in der Nacht;
und es ist Dein
Schrecken.

Oh Mensch
rieche,
wie Dein
Fleisch verrottet
an Deinen
Knochen,
ohne Unterlast
es siecht.

Oh Mensch
fühle,
Dein Gefängnis
ist ganz nah,
befreie den Geist
Deiner Selbst (und erstrahle).

Und nun
oh Mensch,
sei ganz still,
sonst ist´s
um Dich geschehen,
der Schatten kommt,
das ist gewiss.

Hochzeitsnacht

In tiefste Nacht gehüllt
umschlossen von
des Waldes
Dickicht,
im magischen
Lichte der Sonnenschwester
tanzen
im lodernd Flammenschein,
nackt,
die Mädchen
ihren Reigen.

Sie singen und loben
ihn,
beten ihn an,
den Gehörnten,
den Jäger der Nacht,
feuern und rufen
den Meister.

Ihre blassen Körper
biegen,
in Geilheit
sich wiegen,
widernatürlich
paaren sich,
nehmen die Hörner
ihres Gottes
in sich auf.

Des Sabbat heiligstes Vergehen,
der Tanz,
die Freud,
mit Lust gepaart,
Zauberkraft gewirkt,
begangen wird
große Tat.

Und kommt's
zur Stund´
der Mitternacht,
erscheint auf
des Lichtungs Ebene,
stolz und stark,
der Herr des Waldes.

Groß und mächtig
schreitet,
Er,
gestählt alle Gliedmaßen,
verneigt sich
vor ihm
jede Hex.

Wählt aus dem Harem
schönstes Kind,
geschickt,
wie der Vogel,
süß,
wie der Bienenhonig,
klug,
wie die Eule
muß sie sein,
des gehörnten
Gottes Braut.

Nimmt sie sich heraus,
läßt keine aus,
jede kurz
die Seine,
ihr Blut vereint
dem Zirkel
Neues schenkt.

Zum Schluß
gekrönt
die Eine,
ist die Göttin
an seiner Seite,
in Ewigkeit
ist ihr Hochzeitstag
die Walpurgisnacht.

Des Mondes Antlitz

Schwebst voll klarster Helligkeit
Durch abendliche Weite ,
Suchest in Ergebenheit
Des Hasses wahre Breite .

Ergötzest meine welke Seele
Mit dämonischem Geleit ,
Aus Realem ich mich stehle
Für die Ewigkeit bereit .

Von fern her Nebelschwaden
Umwogen sanft mein Sein ;
Des Lebens gold`ne Saaten
Verlieren ihren Schein !

Blutig rotes Glühen
Erfasset selbst die Luft .
Deine Augen sühnen ,
Gar spür ich jene Kluft .

Durchzieht ein tief Verlangen
Mit obsessivem Drang ,
Von Tränen selbst umfangen
Mein Ich im Styx versank .

Einmal zuviel gefragt

Friede in Stille
oder doch nur allein?
Im Frieden
zum Krieg
aufhetzen,
um das Vorige
wieder zu erreichen?
Friede,
wenn Neid
und Haß
Euch regiert;
Angst und Schrecken
alles in Aufruhr
versetzen?
Friede des Gedankens
freie Entfaltung,
dessen Achtung
nur so geheuchelt?
Friede,
wo Menschen negieren?
Und diese Ruhe
selber wollen,
doch dem Nachbarn
nicht gönnen?
Friede,
um des Frieden Willen,
wenn Selbstsucht
einen erblindet?

Nun dann nur so:

Ruhe in Frieden.

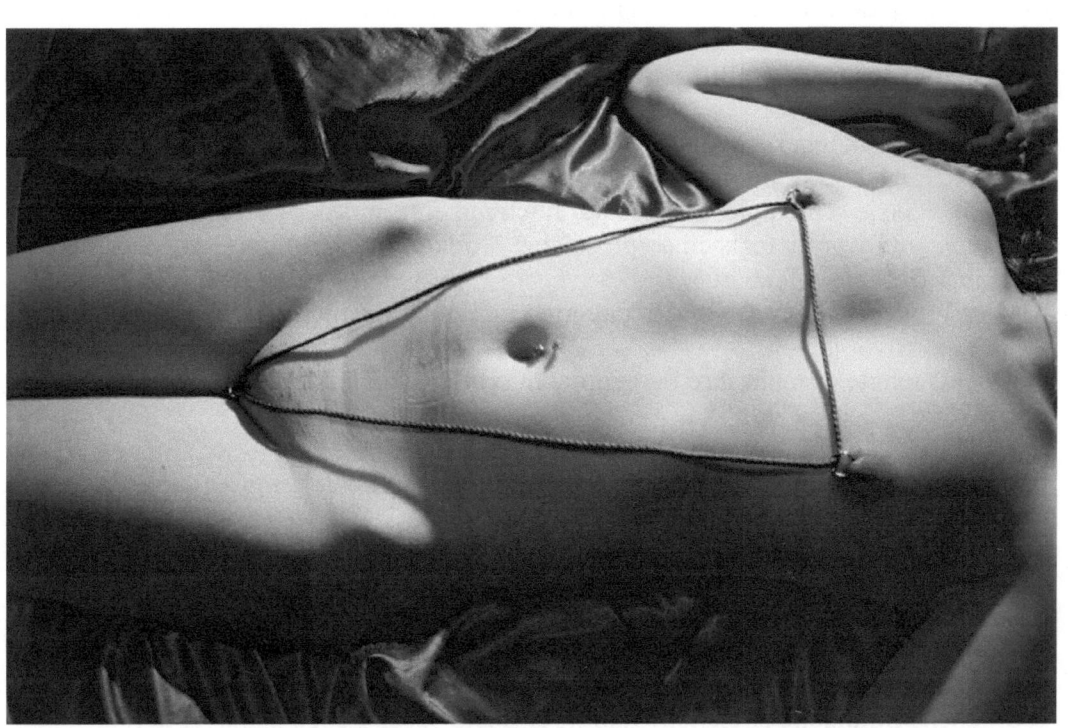

Einsicht

Irgendwann fielen auch wieder die Blätter von den Bäumen und verursachten
ein wirres Durcheinander während die Orchidee noch wild und lieblich eine
Harmonie von Düften versprühte .
Schließlich überzog der erste Frost mit einem seidigen Tuch die Erde .

Die vor Aufregung bebende Blume war nicht im Stande Ruhe zu finden ,
wo sie doch jetzt eine Glaswand zur Außenwelt trennte , in der so viel neues
vor sich ging !
Ihre Schönheit spiegelte alle Farben der Seele wieder und ließ ihre unergründliche
Tiefe glänzen .
Aber war sie von jeher ein Kind gewesen , welches fortwährend nach Ereignissen ,
verzweifelt nach Erkenntnissen suchte !
Begierig wie sie schien , lebte diese nur noch um eine andere , ihr ähnliche Blume
zu finden ; nur war niemals eine von solcher Vollkommenheit gewesen , dass sie
jener ihre Gefühle offenbarte .
Als der Winter hereinbrach und andauerte , mißte die Orchidee jegliche Lebendigkeit,
welche sie zuvor genoß .
Für nichts lohnte es mehr ihre Farbenpracht erblühen zu lassen , und Einsamkeit hielt
Einzug !

Ihre Seele verblaßte und man sah sie im Fensterglas mit den bezaubernden Eisblumen
weinen .
Sie ward welk , neigte ihre Blätter und tauchte ein in die schimmernde Unendlichkeit
der Träume ...
Kein Geräusch , nicht der winzigste Hauch von Wärme drang in die atmende Stille
ihrer Umgebung bis , mit dem Vergehen der Kälte und dem Schwinden des schier
undurchdringbaren Schleiers von Leblosigkeit , eine Hand sanft über ihre noch
verbliebene Silhouette streichelte und ihrer Seele neues Leben einhauchte !

<u>Verlangen nach Erfüllung</u>

Deine Stimme
wie der
Elfenzauberbann,
die Worte
das Paradies
beschreiben,
aus dem
ich fiel.
Deine Gedanken
mein Herz einnehmen.
In Deinen
Augen,
noch nie
erblickt,
weiß ich,
will ich
versinken
und nur noch
bei Dir
sein.

Mondelfe

Die Stimme rein,
wir frisch gefallener Schnee,
Deine Gedanken mich
erzittern,
wie des Winters
frostiger Atem.
So strahlst Du
für mich,
wie der Stern
am Himmelszelt,
so nah.
Das Licht mich
ruft,
wie die Motte
dem Monde folgt.
Deine Augen
sind die Perlen,
selten schön,
aus der Muschel
entsprungen,
die edelsten ihrer Art,
grün wie
der Rosenstiel,
nebst dem Kopfe,
mit Dornen bestückt,
doch wer´s halten will,
muß Schmerz
erdulden.
Geboren wohl,
aus Feenland,
Dein Wesen
Elfenkindern
gleicht,
tobst und tollst
in meiner Erinnerung,
in der Nacht
tief,
kommst Du zu mir,
bist der
wunderschöne Traum.

Erinnerung

Als mir der eisige Abendwind hart ins Gesicht peitscht , mir die Kehle
zuschnürt und beinahe den Atem nimmt , versuche ich lediglich noch
zu verhindern mich von der Kälte völlig auffressen zu lassen!

Ich denke zurück ... meine Erinnerungen holen mich ein !
Längst hätte ich die Fesseln der Vergangenheit abstreifen müssen , und
nie wieder hätte die Trostlosigkeit in meinem Leben Einzug halten dürfen !
In all den Jahren war ich ohne es eigentlich zu bemerken von trister
Einsamkeit umgeben , war gefangen in einer glanzlosen Hülle aus der alle
Emotionen drängten herauszubrechen ... doch bis heute verstand ich ihr
Flehen nicht .

Ich mußte lernen zu begreifen , dass als Du fortgingst - mir genommen
wurdest - Du niemals zurückkehren würdest , aber in mir fortleben kannst ,
und ich mir so zumindest einen Teil von Dir erhalten könnte ;
ein Stück Erinnerung , ein Abschnitt meines Lebens , welchen Du
erst lebenswert gemacht hast , denn Du hast mir offenbart was wahre Liebe
bedeutet !
Meine Arme schmerzten vor Einsamkeit !

Der Wind jedoch ist , als ich aus meinem Gefühlsmeer an Deinem Grabe
erwache , zu einem warmen , zärtlich streichelnden Hauch geworden ...

Gewidmet Mario G .

Die Moral der Wahrheit
(oder auch: Fata Morgana)

Entrissen
dem Sinn,
entzwei geteilt,
in Milliarden Scherben,
im Glasregen
gespiegelt
und mehrfach projiziert,
gequält
hineingedrückt
in eine Form,
herausgezerrt
und neu verkettet,
am Ende
in Splitter
gesprengt.
Verleimt,
haltlos,
kopfüber gehängt,
doch nur
ein Bruchstück
am Ziel
des Weges ist.

Digital Tod

Unser Sein
von Maschinen
verzerrt,
jedes Stück
Natur
digitalisiert,
Simulation
gleich
Realität.

Viele Seelen
nur das Cybernetz
leben,
betrogen,
verlassen
von der
Schöpfung
Hand

sucht Flucht
im
elektronischen
Wirrwarr,
Impulse
dehnen
Zeit
zu Informationen;

Gefühle
nur noch
Worte,
vom Bildschirm
verschwommen,
Herzschlag wird
Taktfrequenz,
computergesteuerte
Umgebungskontrolle
wo
bleibt
nur das
Menschsein?

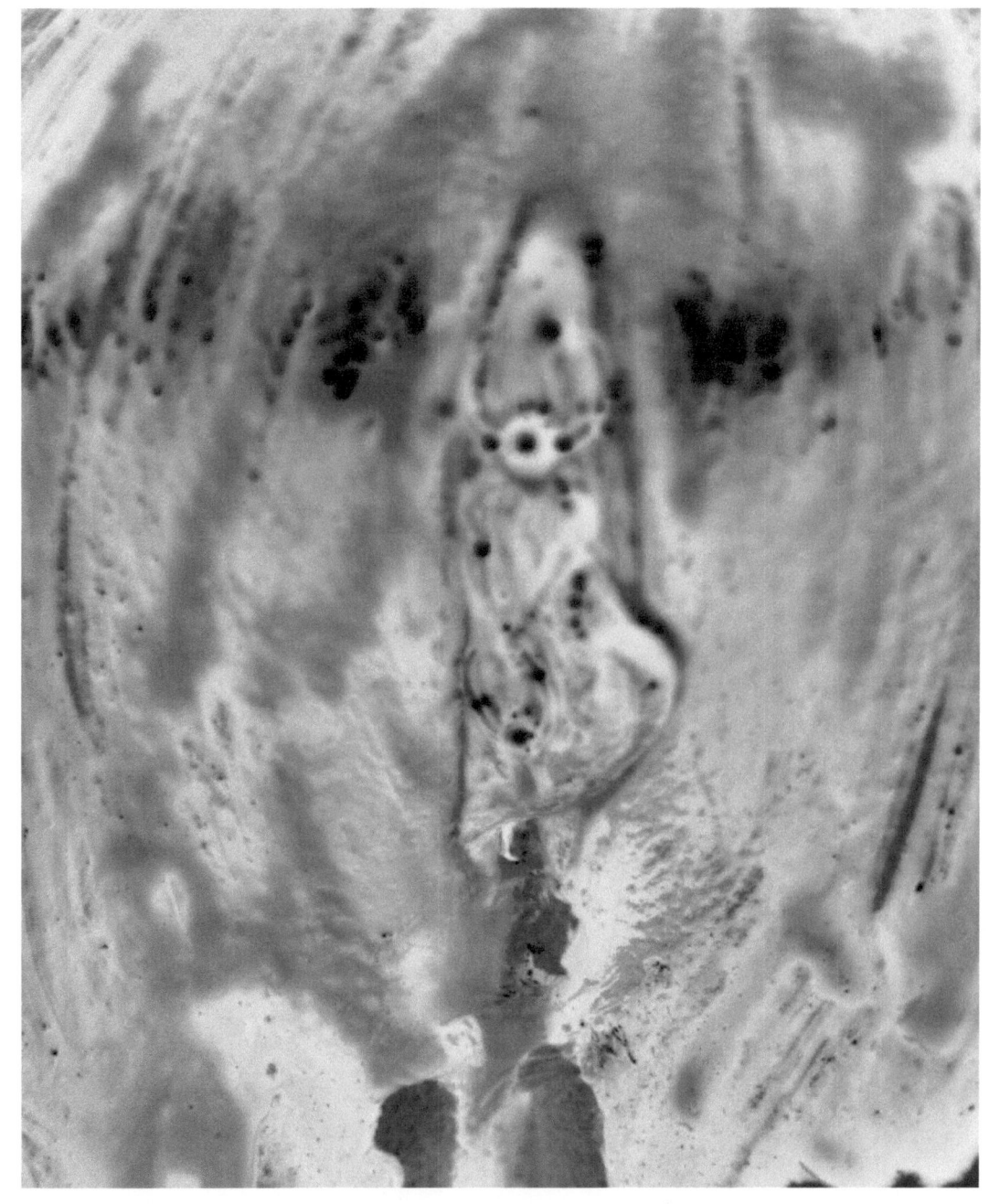

Dämonen
oder auch Brot und Spiele

Steht auf Reisigbündeln,
spärlich bekleidet,
dreckig,
wacklig,
wie´s Holzskelett,
an dem diese
junge Maid gebunden,
wartet im Morgentau.

Zittern,
weint sie ganz leis,
ist´s doch ein Leid.
Kupferrotes Haar,
ganz zerzaust,
die blutgen Striemen
kaum verdeckt.

Hohl die graue Menge wartet,
flüsternd,
stinkend,
hat ein Lamm gefunden.

Reinheit weiß,
erscheint
ihr Kläger;
der Henker
schon nach
ihr lechzt.

Angstvoll blickt
sich um,
lieblich Geschöpf,
wird gleich
nur Asche sein.

Der Inquisitor rühmt
sich
seines Glaubens,
spricht von Liebe,
Leben und
auch Glück,
gelobt ihr doch nur
den Tod.

Gestern Nacht noch
war sein Atem schwer,
zügellos der Schlag,
den Schmerz hat
hinweg liebkost.
Gefrönt ihr
mit all seinem Begehr.

Das Getümmel schreit,
will Blut,
Erniedrigung
und Spaß.
Geifert nach dem Leben,
das ihr gegeben.

Büße und entsage,
sind sein Qualen,
geilt jede Silbe
sein Verlangen;
Ihr Herrscher
im Augenblick.

Unschuld schreit:
Sein
war das Verbrechen;
hat nie ein Pakt,
war treue Dienerin
ihres wahren Herrn.

Tolle Meute giert
und zetert,
die Hure
soll zur
Hölle fahrn.

Richter, Henker
und auch
die Schar,
ganz klar,
der Flammentod
ist nur gerecht.

Feuer verzehrt
den Seidenkörper,
frißt und
läßt erglühn,
was nie
ward bestimmt,
von Teufeln berührt
zu sein.

Sie grölen
und sie feiern,
ist´s doch
ein Dämon weniger,
der sie verführt;
hitzig wird
geleert der Humpen,
Huren haben Konjunktur,
schnelle Finger wandern,
doch gelobt
seid ihr alle.

Gelernt vielleicht
Ihr habt,
das
die Schergen nicht
auf dem
Scheiterhaufen standen,
sondern,
möglicherweise
ein Jeder neben Euch
kann sein.

Melodie der Seele

Als wie jeden Tag die Morgenröte die Berge in einen zarten Umhang hüllte
und alles Leben erweckte , hallte durch die sonstige friedliche Stille von fern her
ein sonderbares Geräusch .
Es war vielmehr ein Ton , der in diese ausgeglichene Umgebung drang und
langsam begann, sich zu einer Melodie zu manifestieren.
Mit jedem Stück , welches er tiefer in die Natur eintauchte , verdichtete sich
die Fülle seines Klanges .

Er sang von seiner verlorenen Liebe , seinem gebrochenen Herzen ... als jegliche
Hoffnung schwand.Und als sich endlich alles zu einer traurigen Melodie
zusammen gesetzt hatte , vernahm man sein leises weinen .

Sein einsames und geschundenes Herz verlor an Kraft ; sinnlos erschien ihm sein
weiteres Leben , so verlassen , unbedeutend und leer ... schien doch alle Erfüllung
in Liebe zu finden - doch verstand nun die Welt nicht mehr !
Getreten , gepeinigt sein Herze - warum ließ jener Schmerz nicht nach ?

So beschloß er, sein Schicksal aller Welt zu verkünden ... so lang er noch Gefühle
in sich barg .

Katzengold

Verschachert und verraten,
gerafft habt Ihr alle
das Gold.
Betrogen und belogen
für noch mehr Geld.
Ausgebeutet und vertuscht
um eure Gier
zu stillen.
Macht einkassiert
und angehäuft,
vermeintlich falsch
gedacht,
Gedanken und Liebe
könnt ihr nicht fassen.
Erstickt an Euren
Zahlen,
haben sie keine
wahre Kraft.
Unsere Freiheit nehmt
ihr nicht,
auch blendet nicht
mit all euren Schätzen,
die euch zerfressen,
wie ihr habt geschmaust
an unseren Körpern,
unserer Seel.
Es ist gesagt,
was ihr in den
Fingern habt,
ist doch
nur Narrengold.

Das Abendmahl

Wünscht ich hätt noch
meine Engelsschwingen,
wie bevor ich
fiel in
diesen Sündenpfuhl.
Sünde ist nicht,
wer trinkt und hurt.
Doch wer mordet
seiner Selbst
und lügt
nur aus der Eigennutz,
der begeht einen Fehler.
Könnt ich doch
wieder fliegen,
Eure Pracht von
oben genießen,
müßt
nicht kriechen
und mich verstecken.
Dann würd ich
erspähn,
dies golden Licht,
was ein jeder trägt,
unschuldig
meist unberührt.
Ein letztes Mal
noch gleiten,
dann verglühn
im Himmelsturm,
zu erhellen
Euren tristen Alltagstrott.

Die letzte Glocke

Ertönt der Schlag
zum letzten Tag,
ist des Menschen Saat,
ob Frau oder Kind,
verflucht;

Wie ein Glockenklingen
wird es schwingen,
die Luft zittern,
der Atem stocken;

Hell wird sich´s ergießen,
alles zerstören,
was da sprießte,
Seuchen werden um sich fliegen.

Höllenglut wird mit sich reißen
Gebäude aus Beton und Eisen.
Fleisch wird gebraten
und zu Asche gegart.

So seid gewarnt,
wenn ihr vernehmt
eine Sirene,
Mythologie hat
schon gezeigt,
was Gutes
ist selten
draus gewebt.

Gegenwart

Ich fühl mich schwer,
kann
mein Selbst kaum rührn.
Visionen verschlingen,
mein Geist wird leer.
Dasein nur
Maschinen gleich,
monotoner Lebenslauf.
Im Niemandsland
erweckt,
blüht auf meine Seel,
seh Sie,
kann schmieden Plan,
nur im Traumkonstrukt
explodiert
mein Glück.
Wahn, Chaos und
Vielfalt sich
hier verbreiten,
neue Wege schaffen,
kann sein Held und auch
Dieb,
rette Opfer, raube Herzen
und ersann so
manche Teufelei.
Gottes Werk
hier die Wirklichkeit.
Es vergeht
der Rausch, zieht
mich in die Schublade
Realität,
wo Knöpfe weiß oder schwarz.
Die Phantasie versiegt,
geht voran
das statisch Unwohlsein.

Engel ... ?

Engel voll Sanftmut , erkennst Du meine Angst ?
Jene Angst , die mich erzittern läßt...

Engel voll Offenheit , spürst Du meine Scham ?
Jene Scham , die mich zurückweichen läßt ...

Dein Blick fiel auf mich und nach geraumer Weile ,
ohne mich wahrhaft erblickt zu haben , wendest Du Dich wieder ab .

Hat Dich entsetzt, was Du sahst ?

Bin ich nicht würdig Deines Schutzes ?

So leg` doch endlich Deine sanften Schwingen um meinen kalten Leib !

Engel voll Erkenntnis , siehst Du mich denn nicht ?

Ode an die Gefangene im Turm

Sitzt gefangen
in ihrer Kammer.
Schwerer Basalt
ihr Schicksal
ausmalt.
Sie schaut
zum Fenster hinaus,
sucht Weit und
auch Nah,
doch erspäht
sie nur
die Feuerechse.
Einsam ist sie
im Verlies.
Gedanken einzig
Freude bringen.
Bis sie erhellt,
ein Funke,
geschickt
von treuer Seele
fern.

Ohne Verstand

In Blut gemalt,
getrocknet
aus
Tränenflut,
meine Emotionen
tief,
wie die See,
so sollen
die Worte
aus meines
Schlundes
Mund
Euch treffen.
Die Seel
berühren,
endlose Träume
Euer Hirn
benebeln,
dem Rausch
erliegen,
um zu
erkennen
des Schöpfers
Trugbild
seid gewesen,
die ganze
Zeit
nur Eure
Gedanken
stets;
Der Wahn,
doch nicht
der Tor
ist, für
den Ihr
ihn hielt,
zersprengt
die Ketten
des Schlosses
Realität.

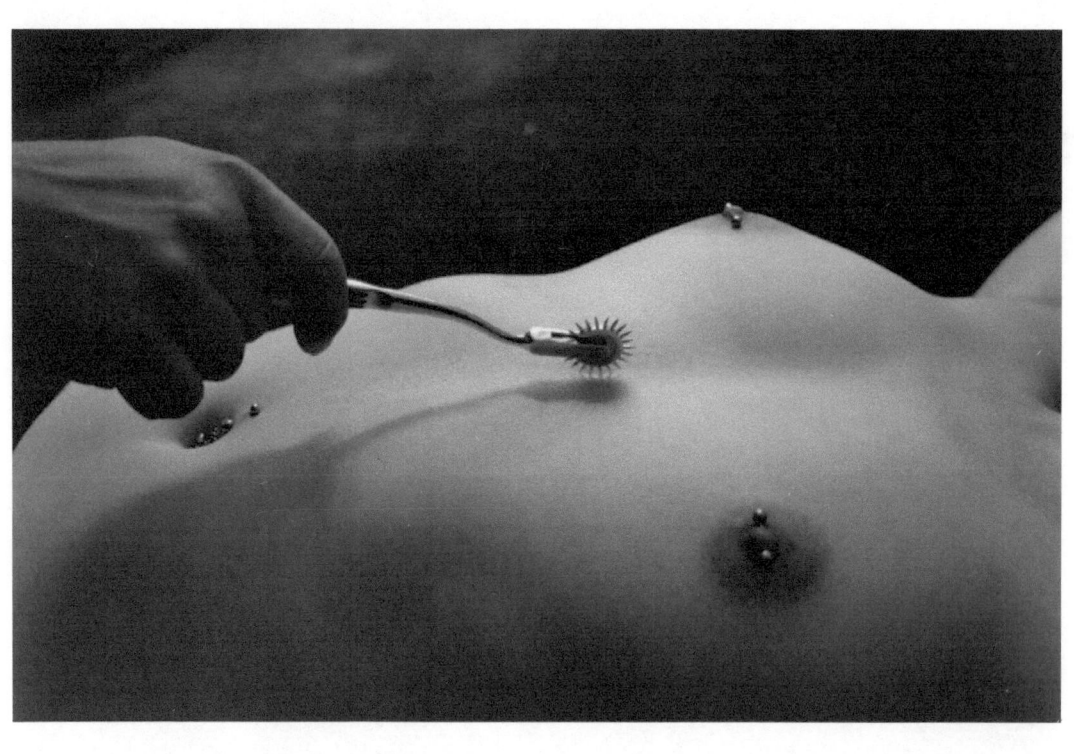

Geboren zu leiden

Ein Kind ward einst geboren , so krank , so schwach und klein .
Wollt` mit seinen Händen greifen diese Welt allein , um alsbald
zu erfassen dass Pein sie in sich barg .
Ohne Glaube verging so Tag für Tag ; und in seinem Herzen selbst
gefangen, verdunkelte sich des Kindes Seel` .
In Liebe nach Erfüllung suchend, erfuhr es einzig Schläge .
Schreie verstummten in der Stille , fiel in tiefen Schlaf .

Doch ein Engel stieg herab zur Erde und betaute es mit seinen Tränen.
Von Verständnis neu umwoben erwachte jenes Kind ... und wollt` auf ewig
in des Engels Armen weilen .
Flehend , er möge es mit sich nehmen , küßte der Engel das Kind ein letztes Mal .
Hinfortschwebend in himmlische Gefilde offenbarte er dem Kind seinen irdischen
Weg .
... und von nun an setzte es sich der Welt zur Wehr !

Gottes Lamm

Sie steht so lieblich da,
Schöpfers Hand noch
nicht all zu lang
verschwand.
Samtig bleich
der Körperbau,
langes rotes Haar
ergießt sich in zwei Zöpfe.
Das kleine Gesicht
zum Boden leicht
zugewandt,
die Scham unbedeckt
jungfräulich glänzt.
Die Arme nach hinten
verschränkt.
Zittert leicht
der Mund,
so köstlich süß,
leicht geöffnet.
Die Knospen ganz hart
vom langen Warten,
Brüste kaum erwachsen,
ist dies Kind nun mein Lamm.
Schweiß durchzogener Rosenduft
von ihr ausgeht,
gar nicht weibisch,
sondern betörend neu
erfrischt.
Haut so glatt
am weißen Leib.

Der Hals
so klein,
kann genießen
jeden Atemzug,
der Po entzückend fest.
Liebkosend
tastend meine Hände
sie befassen.
Will kosten jeden Zentimeter,
alle verborgenen Stellen belecken.
Meine Zunge in sie gleitet,
spielt mit des Mädchens
Spielgelstück.
Schüchtern sie sich kaum rührt,
noch nie so gespürt.
Finger nehmen jedes Körperglied,
beißen,
küssen und verschlingen
dies scheue Reh.
Endlich,
man merkt es kaum,
doch ihr zartes Jungfernnest
ist warm und feucht.
Wird's nicht reichen,
doch das soll´s
auch nicht,
nun nehm ich mir
den Rest.

Fast Food

Schleicht
im Schatten
der Städte Licht,

das hübsche Kind
in Sicht,
Schritte schnell
heran,
packen,
sie umschlingen,
ihren
nackten Hals
beküssen,
nimmt
ihren
letzten Lebenshauch...

Lüstling
alter Sagen
treibt,
sich am Blute
labend,
in dunklem Wald
zu ewiger Ruh.

Sein Unwesen
sich verbirgt,
lauert,
auf Dich
wartet.

Vergebens...?

Warum stets nach Liebe suchen , wenn dies so selten Erfüllung in sich birgt ?

Weil tief im Bewußtsein verborgen schlummert , dass die eigentlich geliebt verwandte Seel`
in so weiter Ferne , unbewußt jener tiefschürfenden Liebe und Verbundenheit , existiert ?
Dahinvegetieren , so benenn` ich es , denn wüßt`der Andre von meiner sich verzehrnden Seel`,
so würd` er schließen mich in seine Arme und nimmer gehen lassen , weil endlich das gefunden, was sein Leben lang gesucht !

Meine Dunkelelfe

In Deinen Augen
hab ich mich verloren,
Dich gefunden
und bald ins
Herz geschlossen.
Das Feuer
in mir
nach Dir
brennt
und Dich
verzehren will.

Deine Seele
die meine
immer neu
antreibt.
Bitte sei
für immer
mein,
bist die Elfe
der Dunkelheit,
ich werd
Dein Engel
sein,
denn mein
ist die Liebe,
die ich
für Dich
empfinde.

Schneeruf

Frostig Winterbild
fällt
auf Bäume,
Boden
nackt,
Weiß läßt mich
träumen,
wärmen
mit Phantasie klar,
doch bringen
Erinnerungen
Kälte
in mein Herz.
Sie hat sich
gegen
mich entschieden.
Wie die
Eisprinzessin
singt,
meine Tränen
gefrieren
in ihrem Atem.
Ihr Herz
so warm,
sie will mich haben,
doch ich bin,
wie Schnee,
ganz fern.

Kreislauf ?

Augen , welche einst von Lebendigkeit erfüllt ,
blicken nun freudlos in den Tag !
Unbeantwortet blieb ihr Flehen nach Liebe und Geborgenheit ,
nur Leere dringt noch heraus .

Unbändige Leidenschaft in jedem Blick geboren ,
so erwartungsvoll und bereit, zu geben ;
sahen stets , Glückseligkeit erhoffend , vorurteilsfrei
in einen neuen Anbeginn .

Doch wieder und wieder bewahrheitete sich ,
dass nichts zu erwarten des Lebens einzig Maxime ,
um vor Enttäuschung zu bewahren .

So drängt Kälte heut aus jenen Augen
gepaart mit unsagbarer Traurigkeit .
Werden wohl nimmer mehr Wärme versprühen ,
und kein Leuchten sichtbar , denn Vertrauen längst versagt .

Harmonie

Liegst gefangen
in meinen Armen
schon lang,
gebe Dir
den Schlangenkuß,
der Lebenssaft
geleckt über
weißzarte Brüste
rinnt.
Verzehrend
in mir
ich Dich aufnehme,
entreiße
Stück für Stück
ein Teil
Deines Glücks;
Dring hineingedrückt
und geb Dich
zurückgedrängt
mit meinem Blut.
Gierig nach uns zwei
vergeblich halten,
zitternd,
festumschlungen,
teilen das Leben
wir.

Hügelspitzen
unberührt,
bis mein
feurig Biß
saugend gibt
die neue Form.
Gekämpft bis
zum letzten
toten Atemzug,
laß ich meinen
Lebenswillen
Dir;
gestärkt durch
Mutter Erde
Kraft,
wollen wir
geeint uns treiben,
um zusammen
die Finsternis
des Universums
zu sein.

Gehalten

In meinen Armen
berg ich
in Gedanken
fern
ein Elfenkind
so fein,

der Körper
so zart,
sie liegt
und schmiegt
sich an,
das Haar
wie Glut
umrahmt
das Gesicht
mit Augen
grün,
wie Gift
nach dem´s
mich sehnt;

Die Lippen,
rot wie
der Blutmond,
zum Küssen
locken,
die schneeweiße
Haut
leicht erbebt;

Ich kann
spüren schon
ihren
süßen Atem,
die Bewegung
ihres
Leibes
so ruhig und geborgen
bei mir,
werd sie halten
in Gedanken
wie real.

Egoismus

Es schleicht sich
in mein Herz
dies Verlangen.
Den Wunsch
erträumen,
zerstören
diese eine Liebe
der Beiden, um
selbst zu kommen
in den Genuß.

Langsam zu lösen
den Bund,
um sie an mich
zu binden,
die Angebetete
an mich zu ketten.

Ihr alles geben,
dies Kleinod
niemals hergeben;
anschaun ist erlaubt,
doch für
sich in Besitz
nehmen,
werd ich
nicht dulden.

und leise fällt der Schnee

geweint
in stiller Stund,
einsam
in mich hineingeschaut,
mein helles Licht
gestrahlt
ins dunkle Ich,
alleine
ansonst,
nun
reflektiert
tausendfach,
durch Dich
wunderschön
erscheint,
doch so
unerreicht
und weit,
in Sphären
für mich verboten,
so muß ich
bleiben,
wo
leise fällt der Schnee.

Vergessenes Lied

In des Waldes
Zwielichts
Geflüster
schwebt
sanfte Kinderstimme,
wie Nebelschleier
verhängen,
durchdringend
zu lästig Wesen.
Diese feine Sprache
nicht,
wie ihr Gebrüll,
leise zaubernd
sie betäubt,
raubt
Sinn und Raum.
Umgarnt und berauscht,
als wenn Rebensaft
gerad erst getrunken,
hören nicht zu,
kennen das Lied
der Mutter kaum.
Es verblaßt der Chor,
langsam und bedächtig
regt sich Forstes
Blättergemurmel.
Kaum wahr
dem Gehör,
dies spinnenfeine Geräusch,
tapst weiter
unser Wesen,
als wenn
nichts gewesen.

Koboldreigen

Elfe,Elfe
komm heraus
aus Deinem Lager
tief im Wald;
gut versteckt
vor böser
Menschen
Augenlicht.

Komm, Komm
bring mit
das Feenkleid,
führ zum Tanze
Dich aus.

Spring, Spring
kleines Ding,
wieg Dich
im Zauberlied
hin,
gib Dich
hin dem Koboldtanze.

Sieh nur, sieh nur,
wie wir uns
spiegeln,
im Zwielicht
des Irrlichts,
alle verwirren.

Fühle, fühle,
die Blumen
unter dem Laube,
schwarz versteckt,
doch kunterbunt
zart,
sprühen sie
das Leben uns entgegen.

Versteck Dich, versteck Dich,
kleines Feelein,
die Sonne kommt,
soll doch
niemand sehen
unser Treiben,
erst,
wenn´s um
sie geschehn.

Fest der Liebe

Als Carla Taylor ins Flugzeug stieg konnte sie nicht ahnen welch Grauen sie an ihrem Zielort erwarten würde .

Es war Vorweihnachtstag , und Carla freute sich mit ihrer gesamten Familie – zum ersten Male in diesem Jahr –einige Tage verleben zu dürfen .

Nach dem üblichen Geplänkel der Stewardessen und ihrem dritten Glas Scotch schlummerte sie endlich ein .

Carla verfiel einem unruhigen Schlaf , Schweiß rann von ihrem Körper gleich einem Schwall von Blut ...

Mit einem von Entsetzen gezeichneten Gesicht schnellte sie abrupt von ihrem Sitz hoch , um sofort erschöpft in diesen zurückzusinken .

Kurze Zeit später hatte jene attraktive , zierliche Frau wieder festen Boden unter ihren Füßen und alles um sie herum schien in bester Ordnung , lediglich ein unterschwelliges Gefühl unguter Vorahnung ließ sich nicht vertreiben !

Chicago lag friedlich , von einem weißen Kleide bedeckt , da .

Als Carla in die Straße ihrer Geburt einbog , wuchs jene abscheuliche Emotion ; sie parkte ihren Wagen und ging Richtung Haus .

All ihre Geschwister schienen schon anwesend .

Schneeflocken wirbelten wild umher .

Carla läutete an der Tür – nichts im Haus regte sich .

Sie blickte umher – die Schneeflocken formten währenddessen gänzlich eine dichte Decke –klinkte und die Tür sprang auf .

Ein fauliger Geruch stieg ihr in die Nase ; sie tastete sich langsam an der Wand entlang .

Musik drang aus dem Wohnzimmer ; völlig benommen öffnete Carla die Tür ... ihr Blick fiel auf den reich geschmückten Weihnachtsbaum vor welchem scheinbar ihre Mutter verweilte .

Freudig lief sie ihre Mutter zu begrüßen , doch je mehr sich Carla dieser näherte desto penetranter wurde jener zu Anfang wahrgenommene Geruch .

Als Carla ihrer Mutter gegenüberstand , war diese seit mindestens zwei Tagen tot, die Hände in den Schosse gebettet, die Augen geschlossen erste Anzeichen der Verwesung .

Die Beleuchtung des Weihnachtsbaumes erhellte den ganzen Raum...

Carla atmete schnell , kaum noch trugen sie ihre Beine ... , und schwebte förmlich zum benachbarten Eßzimmer .

Das Bild , welches sich ihr hier bot , ließ sie schluchzend zusammenbrechen .

Am Eßtisch harrte ihre Familie aus , ein beißender Gestank breitete sich gemächlich aus , es roch nach geronnenem Blut !

Ihren Brüdern Jeff und James fehlten die Hände sowie die gesamten Unterkörper ... als Abendmahl waren ihnen die Köpfe ihrer Ehefrauen Mary und Suzan bereitet worden ; der Rest ihrer Gattinnen saß ihnen kopflos gegenüber .

Carlas Schwester Nel diente zerstückelt hervorragend als Tischdekoration in dieser schauderhaften Szenerie ... ; Carla übergab sich als sie auf den Augapfel ihres dritten Bruders Tom trat , dessen gesamten Körper Epidermis sowie Zunge und Ohren abhanden gekommen waren.

Über ihren Vater stolpernd fiel sie in den Flur; schräg neben ihm lag eine Schrotflinte, die ihm vermutlich den Kopf weggeschossen hatte – der Großteil seines Hirns war gen Treppenaufgang gespritzt .

Carla wurde ohnmächtig .

Als sie erwachte war es schon längst dunkel geworden.

Plötzlich vernahm sie Schritte von oben her ; irgend jemand kam die Treppe herab , näherte sich ihr Stufe für Stufe .

Carlas Atem stockte als sich etwas über ihr Gesicht beugte ; eine Hand glitt über ihre Stirn , Nase ... sie schrie auf .

Das Subjekt tat es ihr gleich ... , dann Stille !

„ Mama , Mama ... “ , wimmerte ihr Gegenüber .Carla suchte den Lichtschalter zu ertasten , betätigte ihn ... völlig verängstigt erfaßten ihre Augen Billy , den Sohn ihrer Schwester Nel .

Sie schloß das völlig verwirrte Kind in ihre Arme , versuchte zu beruhigen ... bis aus unerklärlichem Grunde Billy , zur Haustür starrend , erneut heftig begann zu zittern .

Als Carla ihren Kopf in jene Richtung wand , stand blutverschmiert mit Beil und Messer Nels Mann Burt und wisperte mit einem hohlen Lachen im Gesicht : „ Fröhliche Weihnachten ...“.

Tränen vergossen, im Bann

longst vergangener Zeiten, getragen von lyrischen Flügeln,

fällst in tiefen Schlaf...

Endloser Schlaf ?

Nadine`s Dank gilt :

meiner Familie ; Gimlie-welcher mir das Verfassen diverser Lyrik aufgrund von
Ausbreitung auf den meinigen Schreibutensilien des öfteren erschwerte , doch ebenso
versüßte ; all meinen Freunden ,besonders aber : Bea (endlich machst Du mich zur „
Schmeckenpatentante ") ; Mara (TNT-Corp. all around the world forever und immer
zwei mal mehr wie Du...) ; Kathrin (ja , devote Chaoten gibt es nur im Zweierpack
... in diesem Jahr hoffentlich tatsächlich komplett zum WWF) ; Big Ron (danke für
unsere gemeinsamen Patenstammtische , welche wir in 30 Jahren hoffentlich noch
immer pflegen) ; Berrin (unser Zusammenfinden und die sich daraus entwickelnde
Freundschaft war wohl das einzig Positive in jener stressigen Examenszeit
vergangenes Jahr... danke) ; Lars (komm bloß bald zurück aus Leipzig) ... Metal-
Eric (denk immer daran : die Sonne ist nicht unsere Freundin , nur der Mond und
zum 4. gibts die ersten Springer) ; Nadine (endlich mal normale Leute in unserem
Studiengang : auf erfolgreiche Zusammenarbeit von Gott und Fledi) ; und natürlich
meinem Mitautor , Freund und Meister Ronny ...

„Auch das glücklichste Leben ist nicht ohne ein gewisses Maß an Dunkelheit
denkbar; und das Wort Glück würde seine Bedeutung verlieren, hätte es nicht seinen
Platz in der Traurigkeit."

C. G. Jung

Ronnys letzten Worte:

Mein besonderer Dank gilt all den folgenden Personen:

Als erstes allen Models, die hier mitwirkten. Die da wären: Jenny K., Silja R., Bent B., Sibylle G., Julia R. und Rowena W. Sowie Roxi für das Coverbild.

Thomas vom Orkus und natürlich dem gesamtem Team, danke für die Kritik.
Andreas von Vicious Faces für die Modelvermittlung.

und nun allen anderen:

 Roxi(maus, meiner Honigblüte, Du bist mir sehr ans Herz gewachsen), meiner Ex Nadine Z. (es war eine schöne Zeit), an meine Freundin Sibylle G. (leider nen bischen rar gemacht, hoffe das ändert sich), Marta Maj (so nah und doch so fern, mein kleines Elfenkind), (Ka)Sandra J. (hoffe auf noch mehr schöne Eigenkreationen), Kaddy (ich bin immer für Dich da), Suse R. und Markus (knuddel), Cara (von weit her, hierher), Nadine H. (auf die Knie...), , Lydia H., Christin C., Susanne C., Julia R. (tja, Du bleibst weiterhin die Klene), Corinna T. (längste Brieffreundschaft), Stefan L. (sorry, das Du im vorigen Buch „falsch" geschrieben wurdest) und seiner Freundin Ally, Michael H. und Nadine T., meinem Schwesterchen Ariane, Galina (hoffe Du bleibst mir erhalten), Jürgen und Petra P.(danke, das ihr wie richtige Eltern seid) und den Kindern Janni und Netti , meinen Eltern, Sabine H., Schnuffel und Renate, auch wenn ich sie nie so kennen lernen durfte, wie ich es gerne gewollt hätte.
Desweiteren Birgit St., Benni und Sandy, meiner Promotionabteilung und eine Entschuldigung, sollte ich jemanden vergessen haben.

Nun ist es schon das zweite Mal, das ich mich bei Euch bedanke und Euch bedenke, mal sehen...aller schwarzen Dinge sind drei.
Manche sind gegangen und andere hinzugekommen, das ist das Leben, es verändert sich, ich hoffe ein paar bleiben, bis der letzte Vorhang fällt.

Falls Ihr etwas zu diesem Werk sagen möchtet, erreicht Ihr mich unter

DerSchattenEngel@web.de

www.schwarztraeumen.de